Martin Verg

TIERE SCHÜTZEN

„Die Größe und den moralischen Fortschritt
einer Nation kann man daran messen,
wie sie die Tiere behandelt."

Mahatma Gandhi

**Mit Bildern von
Katharina J. Haines**

Warum wir Tiere schützen müssen

Von Amöbe bis Zwergwal, von Zecke bis Axolotl: Auf der Welt leben mehrere Millionen Tierarten. Wie viele genau, wissen wir nicht, doch wir wissen, dass jeden Tag welche davon aussterben. Auf der „Roten Liste" der Weltnaturschutzunion (IUCN) stehen mittlerweile mehr als 40.000 bedrohte Arten – Tiere, Pflanzen und Pilze. Tatsächlich sind es aber viel mehr, denn wir kennen ja noch nicht mal alle Lebewesen, die es auf der Erde gibt. Sicher ist: Dass Tierarten sterben, ist ein Problem. Denn keine Art lebt allein für sich. Sie ist immer Teil eines größeren Zusammenhanges. Eines Lebensraumes, in dem sie einen bestimmten Platz hat. Vom kleinen Würmchen, das Futter für Nagetiere oder Vögel ist, bis zu den großen Räubern, die dafür sorgen, dass es niemals mehr Nager oder Vögel gibt, als die Natur in diesem Moment und an diesem Ort aushalten kann. Es ist ein kompliziertes System, in dem alles ineinandergreift. Und: Auch wir Menschen sind Tiere und gehören in dieses System. Ein Beispiel: Weil durch den Einsatz von Pflanzenschutzmitteln in der Landwirtschaft viele Insekten verschwunden sind, gibt es weniger kleine Krabbler, die die Ernte wegfuttern.

Aber es gibt auch weniger Krabbler, die die Pflanzen bestäuben können, damit dort überhaupt Früchte wachsen. Das ist der große Zusammenhang: Wir müssen die Artenvielfalt dieser Welt bewahren, weil sonst mehr aus dem Gleichgewicht gerät, als wir uns heute vorstellen können.

Neben dem Artenschutz handelt dieses Buch aber auch vom Tierschutz. Was ist der Unterschied? Dem Tierschutz ist wichtig, dass es jedem einzelnen Geschöpf gutgeht. Krass gesagt: Den Artenschutz kümmern Milchkühe oder Legehennen kaum, von ihnen gibt es mehr als genug. Aber leider leben sie teilweise unter schlimmen Bedingungen, die kein Lebewesen einem anderen zumuten sollte – sagen Tierschützerinnen und Tierschützer und wollen das deshalb ändern.

Auf den folgenden Seiten wird es um beides gehen. Die gute Nachricht: Obwohl vieles im Argen liegt, gibt es doch immer Dinge, die wir ändern können. Angefangen vor der eigenen Haustür oder auf dem eigenen Teller. Wie? Auch das erfährst du auf den kommenden Seiten.

Das Tier und wir

Bevor wir so richtig ins Thema reinspringen, lohnt es sich, eine kleine Zeitreise zu unternehmen und dabei der Frage nachzugehen: Wie sind Mensch und Tier eigentlich dahin gekommen, wo sie heute stehen? Dahin, dass wir Menschen wie selbstverständlich über das Leben von Tieren bestimmen.

Früher war das gar nicht selbstverständlich. Schaut man auf die Hunderttausende von Jahren, die der Mensch nun schon über die Erde stromert, ist es der kürzeste Teil davon, den wir als „Bestimmer" verbringen. Für unsere Vorfahren in der Steinzeit war das Überleben in der Natur ein ewiger Kampf. Um nicht zu verhungern, sammelten sie Pflanzen und gingen auf die Jagd. Allerdings mit einfachsten Waffen – und gegen Tiere, die ihnen oft ebenbürtig oder gar überlegen waren. Nicht jede Mammutjagd endete erfolgreich, im Gegenteil! Entsprechend wurde nie mehr gejagt als unbedingt nötig. Fleisch war willkommen, aber eher selten.

Vor rund 15.000 Jahren, ganz genau weiß das niemand, passierte dann etwas, das die Welt für immer veränderte: An vielen Orten kamen Menschen auf die Idee, sich niederzulassen. Statt umherzuziehen und nach Früchten und Körnern zu suchen, wurden diese nun an geeigneten Stellen angebaut. Und statt mit Pfeil und Bogen zu jagen, konnten die Menschen die Tiere nun einfach vor ihrer Tür züchten. Damals entstanden die ersten Nutz- und Haustierarten: erst Schafe, dann Rinder, Schweine und Ziegen. Beispielsweise in Europa blieb das allerdings lange Zeit etwas ganz Besonderes. Hatte eine Bauersfamilie eine Milchkuh, war sie glücklich – und das Tier viel zu kostbar, um es zu schlachten. Regelmäßig kam Fleisch eigentlich nur in den Häusern der Reichen und Mächtigen auf den Tisch. Und noch etwas: Weil für viele Leute ihre Tiere das Wertvollste waren, das sie besaßen, wurden sie auch so behandelt. Manchmal besser als die Menschen selbst!

Doch Menschen
waren schon immer ein-
fallsreich. Sie erfanden zum Beispiel
Maschinen, die ihnen die Arbeit erleichterten
oder ganz abnahmen. Ab dem 19. Jahrhundert, in
der sogenannten Industrialisierung, entstanden vielerorts
große Fabriken, die Städte wuchsen und wuchsen. Und
weil ein Fabrikarbeiter keine Zeit hat, Felder zu pflügen oder
Schweine großzuziehen, nahm die Arbeitsteilung weiter zu:
Die einen schufteten in der Fabrik, als Handwerker oder Beamte.
Die anderen bauten Getreide an oder molken die Kühe. Oder
anders: Immer mehr Menschen mussten von immer weniger
Bäuerinnen und Bauern versorgt werden. Darum vergrö-
ßerten sie die Felder, die Ställe ebenso – und Stück
um Stück wurde das Leben der Tiere schlechter. Stück um Stück wurden sie von Lebewesen zu reinen Produkten.

So ist es bis heute. Es gibt zum Beispiel Hühnerställe, in denen so viele Tiere leben wie Menschen in einer Großstadt, und Superkühe, die tonnenweise Milch geben, dafür aber nach kürzester Zeit ausgelaugt sind wie ein Marathonläufer an der Ziellinie. Und weil die Anzahl der Menschen auf der Erde weiter wächst, tut es auch unser Hunger. Eine Superkuh allein genügt also nicht. Es müssen immer mehr werden.

Und wohin damit? Immer tiefer dringen wir in die vormals unberührte Wildnis vor. Um Platz für Weiden und Felder zu schaffen, weichen Regenwälder – und mit ihnen die Tiere, deren Heimat sie waren. Die Ozeane werden leergefischt. Vom eingepferchten Huhn bis zum Orang-Utan, dessen Heimat verlorengeht – wir haben viele Tiere in große Schwierigkeiten gebracht.

Also brauchen sie endlich unseren Schutz!

Schon gewusst?
Obwohl es den modernen Menschen erst wenige Hunderttausend Jahre gibt – sozusagen einen Wimpernschlag in der Erdgeschichte –, hat er schon krasse Spuren hinterlassen. Die Epoche, in der wir leben, nennen viele darum Anthropozän – das Zeitalter des Menschen.

Hat das Mammut eine Seele?

Als unsere Vorfahren noch darauf angewiesen waren, zum Überleben Jagd auf Mammut, Auerochse und andere Tiere zu machen, war das oft ein gefährliches Unterfangen. Und möglicherweise hatten sie ab und zu ein schlechtes Gewissen dabei, einem anderen Lebewesen das Leben zu nehmen. Jedenfalls gibt es Belege dafür, dass sie die Seele des gejagten Tieres um Verzeihung baten. Interessant, denn damit war die Frage in der Welt, ob Tiere überhaupt eine Seele haben – also etwas Unsterbliches, das auch nach dem Tod irgendwie und irgendwo weiterlebt. In einem anderen Tier zum Beispiel. Oder im Jenseits. Das war schon vor Jahrtausenden im ägyptischen Reich ebenso Thema wie im alten Griechenland. Ausgerechnet in der christlichen Kirche, die viel von Nächstenliebe predigt, kam so mancher Gelehrte zu dem Schluss, dass Tiere keine Seele hätten – jedenfalls keine unsterbliche wie wir. Dass Gott etwa Kühe erschaffen hätte, damit der Mensch sie aufessen kann. Dass Tiere also eher Dinge als Lebewesen wären.

Klar, ob es überhaupt so etwas wie eine Seele gibt,
ist Ansichtssache. Umfragen haben ergeben, dass von
Leuten, die in ihrem Alltag wenig oder gar nichts mit
Tieren zu tun haben, jeder Dritte an tierische Seelen glaubt. Von
denen, die eine größere Nähe zu Tieren haben, aber mehr als
80 Prozent. Allerdings unterscheiden auch von ihnen viele: mein
Hund, meine Katze? Klar! Das Schwein, von dem das Schnitzel
auf meinem Teller stammt? Eher nicht. Aber darf man diese
Unterscheidung machen? Manche Tierschützerinnen und Tierschützer fragen kritisch, woher der Mensch sich das Recht
nimmt, Tieren unterschiedlichen Wert beizumessen und entsprechend auch besser oder schlechter mit ihnen umzugehen.

Für den Tierschutz gibt es mittlerweile Gesetze. Zum Glück.
Damit ist geregelt, wie man Tiere behandeln darf und wie nicht,
ganz egal, ob man sie mag oder nicht. Aber: Oft gehen diese
Gesetze nicht weit genug. In vielen der folgenden Kapitel wirst
du sehen, wo noch Luft nach oben ist. Und was wir alle dazu
beitragen könnten, es zu ändern.

Wie Kühe wieder glücklicher werden

Weite grüne Wiesen, auf denen friedlich Rinder grasen und sich die Sonne auf den schwarz-weiß gefleckten Rücken scheinen lassen. Solche Bilder hast du bestimmt schon gesehen. Mindestens in der Werbung: Aus der Milch dieser glücklichen Kühe, so wird uns vermittelt, werden die Molkereiprodukte hergestellt, die auf unseren Tisch kommen.

Wäre das so, dann müssten vier Millionen glückliche Tiere auf den Wiesen stehen – denn so viele Milchkühe gibt es in Deutschland. Doch die meisten leben weniger artgerecht, also keineswegs mit so viel Auslauf, Futter und Kontakt zu Artgenossen, wie eine Kuh es zum Glücklichsein bräuchte. Als eure Großeltern noch Kinder waren, gab es sogar deutlich mehr Kühe. Die allerdings weniger Milch gegeben haben. Wie kann das sein? Das kann sein, weil die Tiere seit Jahrzehnten zu wahren Milchmaschinen hochgezüchtet werden. Seit 1950 hat sich die durchschnittliche Milchmenge, die eine Kuh im Jahr produziert, auf über 8.000 Liter mehr als verdoppelt! Beeindruckend. Aber gut ist das nicht, jedenfalls nicht für die Kühe. Diese Hochleistungen strengen sie an. Unter natürlichen Bedingungen kann ein Rind bis zu 20 Jahre alt werden. Heutige Milchkühe werden jedoch nach spätestens fünf Jahren aussortiert und landen auf dem Schlachthof.

Und selbst diese fünf Jahre sind meist wenig freud-
voll: Mehr als die Hälfte der Tiere sieht nie Sonnen-
licht, grast nie auf einer grünen Wiese. Sie stehen nur
im Stall. Die meisten Kühe leben immerhin in Ställen, in
denen sie sich einigermaßen frei bewegen können, doch ist es
darin oft so eng, dass viele Landwirte den Tieren schon wenige
Wochen nach der Geburt die Hörner abnehmen. So können
sich die Kühe zwar nicht verletzen, trotzdem fehlt ihnen ein
Körperteil. Von der manchmal schmerzhaften Prozedur ganz
abgesehen.

Zum Glück wissen immer mehr Menschen von diesen Zuständen und tun ihren Teil, damit künftig mehr Tiere ein artgerechteres Leben führen können.

Wer etwa beim Einkauf darauf achtet, dass Milch und Milchprodukte mindestens das Biosiegel der EU, besser noch ein strengeres wie das von Demeter, Bioland oder Naturland tragen, kann sicher sein: Die Kühe, von denen diese Milch stammt, wurden besser behandelt. Hatten mehr Platz. Haben die Sonne über den grünen Wiesen wirklich gesehen!

Schon gewusst?
Ob aus Soja, Hafer oder Reis – es gibt immer mehr Ersatzprodukte für Butter, Käse oder Sahne aus Kuhmilch. Probiere es aus: Weiche 60 g blanchierte Mandeln (das sind die ohne braune Haut) über Nacht in Wasser ein. Zerkleinere sie dann zusammen mit zwei entsteinten Datteln, einer Prise Salz und 500 ml Wasser mit einem Pürierstab. Das Ganze durch ein möglichst feines Sieb geben, fertig ist die Mandelmilch!

Weniger Fleisch ist mehr

Es gibt vier Millionen Milchkühe, insgesamt leben in Deutschland aber rund zwölf Millionen Rinder – denn die meisten werden wegen ihres Fleisches gezüchtet. Und nicht nur sie: In Deutschland werden jedes Jahr rund 750 Millionen Tiere geschlachtet, davon sind mehr als 600 Millionen Hühner. Eine unvorstellbar große Zahl? Klar, das liegt eben an unserem unvorstellbar großen Appetit auf Rindersteaks, Schweineschnitzel und Hähnchenkeulen! Durchschnittlich isst jede und jeder von uns Jahr für Jahr ungefähr 55 Kilogramm Fleisch. Mit anderen Worten: mehr als ein Kilo pro Woche.

750.000.000

Das ist zu viel, sagen Ärztinnen und Ärzte. Eine fleischärmere Ernährung wäre für Menschen gesünder. Und tatsächlich geht der Fleischhunger seit einigen Jahren zurück. Viele Leute ernähren sich bewusster, manche verzichten komplett auf Fleisch. Mittlerweile gibt etwa jede zehnte Person an, sich vegetarisch zu ernähren. Und es werden immer mehr. Neben der eigenen Gesundheit ist für viele inzwischen auch der Klimaschutz ein Argument: Um ein Kilogramm Fleisch zu erzeugen wird viel mehr klimaschädliches CO_2 in die Luft gepustet als für ein Kilogramm Kartoffeln, Tomaten oder Äpfel.

PFFFT!

Entscheidend ist aber auch die Situation der Tiere. Denn Rindern oder Hühnern für die Fleischproduktion geht es nicht besser als ihren Verwandten auf den Milchhöfen oder in den Eierlegebetrieben (um die es auf den nächsten Seiten geht). Im Gegenteil! Oftmals werden sie unter noch unwürdigeren Bedingungen gehalten – denn dann kostet ihre Haltung nicht so viel und das Fleisch kann billiger angeboten werden. Was tun? Wenn wir alle weniger und bewusster Fleisch essen, müssen weniger Tiere gehalten werden. Und natürlich ist es gut, Fleisch aus artgerechter Erzeugung kaufen. Also mit Biosiegel. Mittlerweile ist Fleisch aus deutscher Produktion auch meist mit einer Angabe zur Haltungsform versehen, dabei gibt es vier Stufen. Achtet drauf: Stufe drei oder vier sollte es schon sein.

Schon gewusst?
Ihr Fleisch trifft zwar nicht jeden Geschmack. Aber Hirsch, Reh und Wildschwein hatten in aller Regel ein gutes Leben und einen schnellen, schmerz- und stressfreien Tod. Sollten wir also alle nur noch Wild essen? Um die Jagd geht es auf Seite 24.

Die Sache mit den Eiern

Wie Milchkühe und Mastschweine wurden auch Hühner auf Hochleistung gezüchtet. Nicht nur für die Chicken Nuggets, sondern vor allem als Lieferanten unserer Frühstückseier. Denn davon brauchen wir eine Menge: Einschließlich allem, was in Kuchen, Puddings oder Nudeln verarbeitet ist, verputzt jede und jeder in Deutschland durchschnittlich fast 240 Eier pro Jahr. So viele, dass die rund 50 Millionen Legehennen in Deutschland gar nicht ausreichen, der Rest wird aus dem Ausland eingekauft. Brüten, brüten, brüten – das ist anstrengend. Obwohl Haushühner bei guter Pflege zehn oder sogar 15 Jahre alt werden können, sterben viele Legehennen schon nach anderthalb Jahren – weil die Bedingungen, unter denen sie gehalten werden, so schlecht sind. Wer also nicht selbst zum Hühnerhalter werden kann oder will, sollte zumindest beim Einkauf Acht geben, dass die Tiere, die das Ei liefern, artgerecht gehalten werden.

Schon gewusst?
Nur Hennen legen Eier, Hähne nicht. Bei Hühnern, die fürs Eierlegen gezüchtet werden, hat man daher jahrzehntelang männliche Küken gleich nach dem Schlüpfen getötet. Damit ist es – zumindest in Deutschland – seit Anfang 2022 vorbei.

Zahlen und Buchstaben!

Jedes Ei, das bei uns verkauft wird, trägt einen Aufdruck,
der seine Herkunft verrät. Die Zahl ganz am Anfang verrät,
wie die Legehenne gehalten wurde.

3 = Käfighaltung: In Gruppen leben die Tiere in engen Käfigen.
Im Schnitt hat jedes Huhn kaum mehr Platz, als dieses Buch groß
ist, wenn du es aufklappst.

2 = Bodenhaltung: Weit mehr als jede zweite Legehenne in
Deutschland wird mit Tausenden anderen in riesigen Hallen
gehalten. Auch hier gibt es keinen Auslauf, kein Tageslicht.

1 = Freilandhaltung: Zwar leben die Hühner ebenfalls dicht
an dicht in großen Hallen. Aber tagsüber gibt es für sie Auslauf.
Problem: Wenn der nicht nach Hühnergeschmack gestaltet ist,
nutzen ihn die Tiere nicht.

0 = Ökologische Erzeugung: Die Ställe sind kleiner und
weniger vollgepackt. Jedes Tier hat rund dreimal so viel
Platz wie bei der Käfighaltung. Es gibt ebenfalls
Auslaufflächen.

0-DE-02XXXX1

Am besten ist natürlich, einfach mal ein Ei weniger zu essen.

Schwein gehabt!

Die Landwirtschaft ist in den vergangenen Jahrzehnten immer industrieller geworden. Viele Betriebe gleichen Fabriken, in denen unzählige Schweine immer mehr Fleisch liefern müssen, Kühe Milch und Hühner Eier – und dabei meist kein glückliches Leben führen. Das ist schlimm für jedes einzelne Tier. Es hat aber auch noch eine andere Folge: Weil sich nicht jede Art von Schwein zur Mast und jedes Rind zum Melken eignet, gibt es heute nur noch wenige Rassen, nämlich die leistungsfähigsten. Fast jede zweite Milchkuh ist zum Beispiel eine Deutsche Holstein. Für die biologische Vielfalt ist das ein riesiger Verlust. Zum Glück gibt es Menschen, die sich für den Erhalt seltener und bedrohter Nutztierarten einsetzen.

SUPER-SONDERANGEBOT

Im Norden Deutschlands, nahe der Stadt Kiel, liegt zum Beispiel die Arche Warder. Wer das weitläufige Gelände betritt, gelangt gleich als Erstes an einen kleinen See. Darauf schwimmen Enten, darin wachsen Wasserpflanzen. Aber der Hauptzweck des Gewässers ist ein anderer: Er ist das Zuhause einiger Turopoljes, auch bekannt als Kroatische Wasserschweine. Die Tiere gehen nämlich ausgesprochen gern schwimmen und tauchen wie Weltmeister, wobei sie sogar auf die Suche nach Muscheln gehen. Das ist interessant – aber eben nicht für die Landwirtschaft im großen Stil. Und das gilt für die meisten Tiere, die du in der Arche Warder bestaunen kannst: Poitou-Esel, Tadschikische Wollziege, Ungarisches Zackelschaf – sie alle führen hier ein gutes und artgerechtes Leben. Und außerdem wird dafür gesorgt, dass diese Rassen, die teils so selten sind wie die Sibirischen Tiger, nicht aussterben.

Reich mir die Flosse

NACHHALTIGER FISCHFANG

Taucht ein Weißer Hai auf, heißt es: Vorsicht! Klar, der bis zu sieben Meter lange Raubfisch kann Menschen gefährlich werden. Umgekehrt aber noch mehr. Etwa im Mittelmeer. Dort werden die mächtigen Tiere immer seltener gesichtet. Das liegt an der Verschmutzung des Wassers. Das liegt aber auch an unserem Appetit. Und dazu muss nicht mal der Hai selbst auf dem Teller landen: Seit Jahrzehnten wächst der Hunger der Menschheit auf Fisch und anderes Meeresgetier. Allerdings kommen die Seen, Flüsse und Ozeane da nicht mehr mit. In fast allen Weltgegenden fangen wir längst viel mehr Fisch, als neuer nachwachsen kann. Das Mittelmeer gehört dabei zu den am stärksten überfischten Gewässern des Planeten. Thunfische zum Beispiel waren hier mal weit verbreitet. Inzwischen sind auch sie rar geworden. Dummerweise schmecken sie aber nicht nur uns, sie gehören auch zu den Leibspeisen der Weißen Haie. Was passiert also? Die Thunfische reichen nicht, um alle Haie satt zu machen.

Fehlt aber der Hai, fehlt ein Baustein im Gleichgewicht der Natur. Wie so oft, wenn der Mensch sich einmischt, setzte er hier unbeabsichtigt Veränderungen in Gang. Das ist vergleichbar mit einem Uhrwerk. Das Zusammenspiel funktioniert einfach nicht mehr perfekt, wenn auch nur das kleinste Zahnrad fehlt.

Dass das Leben und die Vielfalt in unseren Meeren bedroht sind, ist lange bekannt. Fast überall gelten daher sogenannte Fangquoten. Sie legen fest, wie viele Fische welcher Art gefangen werden dürfen. Diese Quoten sind allerdings oft ein Kompromiss aus dem, was Wissenschaftler fordern, und dem, was Politiker zumutbar finden. Sie denken dabei ja auch an alle, die vom Fischfang leben – vom Kutterkapitän bis zum Händler bei euch in der Straße.

Da kommen wir jetzt ins Spiel. Wir können beim Einkauf nämlich auch etwas für den Artenschutz tun. Es gibt Siegel, wie etwa des MSC, die auf eine zumindest etwas nachhaltigere Fischerei hinweisen. Man kann sich auch aus dem Internet hilfreiche Einkaufsführer herunterladen, die bei der Entscheidung helfen, welcher Fisch auf den Tisch darf.

Und dann gibt es noch Aquakulturen: Immer mehr Arten werden heute nicht mehr wild gefangen, sondern gezüchtet. Im Forellenteich am Stadtrand, in riesigen norwegischen Lachsfarmen und in Südostasien, woher die meisten Krabben und Garnelen in den Kühlregalen der Supermärkte stammen. Das schont die wilden Bestände. Für die Natur ist es trotzdem nicht nur gut: In Asien werden Mangrovenwälder abgeholzt, um für die Krabben Platz zu schaffen – damit geht wichtiger Lebensraum für andere Arten verloren. Und die Ausscheidungen der Tiere und die Medikamente, mit denen sie behandelt werden, verschmutzen das Wasser oft extrem. Zum Glück tut sich auch hier etwas, viele Aquakulturen werden naturnäher bewirtschaftet – oder gar das direkte Gegenteil: Am Südrand der Schweizer Alpen steht seit einigen Jahren eine Fabrik, in der Lachse aufwachsen und nicht ein einziges Mal das offene Meer sehen. Traurig für den einzelnen Lachs, aber besser für den Rest der Natur.

Schon gewusst?
Laut der „Roten Liste" der Weltnaturschutzunion (IUCN) gelten inzwischen rund 190 der 536 bekannten Haiarten auf der Erde als bedroht, das ist mehr als jede dritte!

Welcher Fisch darf auf den Tisch?

Gute Frage, leider kann man sie selten eindeutig beantworten. Dass zum Beispiel die Makrele vor der türkischen Küste verschwunden ist, heißt nicht, dass die Art weltweit gefährdet ist. Meist geht es um einzelne Bestände in einzelnen Regionen. Oder darum, ob durch die Fangmethoden viele andere Tiere ins Netz gehen. Um beim Einkauf den Überblick zu behalten, gibt etwa der WWF regelmäßig einen kleinen Ratgeber heraus. Grob gesagt gilt danach für die gängigsten Arten …

… Fisch, der nicht auf den Teller gehört:
Aal, Hai, Rochen, Wittling, Blauflossen-Thunfisch

… Fisch, der höchstens zweite Wahl sein sollte:
Alaska-Seelachs, Flunder, Goldmakrele, Kabeljau, Scholle, Atlantischer Lachs, Pangasius, Schellfisch

… Fisch, bei dem es darauf ankommt, woher er stammt und wie er gefangen wurde:
Pazifischer Lachs, Makrele, Meerforelle, Viktoriabarsch, Regenbogenforelle, Saibling, Rotbarsch, Sardine, Seelachs, Zander, alle Thunfische außer dem Blauflossen-Thunfisch

… Fisch, der meist bedenkenlos gegessen werden kann:
Karpfen, Hering, Sprotte

Gute Jagd, schlechte Jagd

Nur wenige Menschen auf der Welt gehen jagen, um nicht zu verhungern. Bei uns gar keiner. Trotzdem gibt es in Deutschland etwa 400.000 Jägerinnen und Jäger. Was machen die eigentlich und warum? Waldexperte Sven Selbert vom Naturschutzbund Deutschland (NABU) erklärt im Interview, wie die Jagd ein sinnvoller Beitrag für Natur, Umwelt und Artenschutz sein kann.

400.000 sind mehr Menschen, als eine Stadt wie Bochum Einwohner hat. Warum gibt es so viele Jägerinnen und Jäger?

Es gibt viele Gründe! Ich denke, eine Liebe zur Natur spielt bei den allermeisten eine Rolle. Manche jagen, weil sie die Traditionen lieben. Andere möchten vielleicht nur noch Fleisch essen, für das keine Tiere in kleinen Käfigen gehalten und gemästet wurden. Nur ein Bruchteil dieser Leute jagt aber wirklich regelmäßig oder gar beruflich. Für viele ist es ein Hobby.

Trotzdem erlegen sie jedes Jahr Hunderttausende Hirsche, Rehe oder Wildschweine. Wozu?

Wir beim NABU setzen uns dafür ein, dass Tiere nicht aus Spaß oder grundlos getötet werden dürfen. Es muss einen sinnvollen Nutzen geben, etwa dass man sie isst. Zusätzlich soll die Jagd dem Naturschutz nicht schaden. Besser noch, sie soll vielfältige Landschaften und gesunde Lebensräume stärken.

Was heißt das?

Der NABU möchte mehr Natur und mehr echte Wildnis in Deutschland zulassen, also auch Gebiete, in denen die Natur wirklich alles alleine regeln darf und die Jagd verboten ist. Gleichzeitig sehen wir ein, dass der größte Teil der Fläche auch in Zukunft der Land- und Forstwirtschaft dienen wird, um unseren Bedarf an Nahrung und Baumaterial zu decken. Dort kann sich keine unberührte Natur einstellen und kein echtes biologisches Gleichgewicht. Das bedeutet, dass der Mensch die ökologische Rolle des Raubtiers an der Spitze der Nahrungspyramide übernimmt und die Bestände vor allem der großen Pflanzenfresser reguliert. Wo etwa zu viele Rehe leben, kann kein junger Baum mehr gedeihen.

Kritische Stimmen wenden ein, es wären auch Tiere zum Abschuss freigegeben, die entweder das biologische Gleichgewicht nicht stören oder selbst schützenswert sind.

Ja, das stimmt teilweise. Es gibt Arten, die nach dem Gesetz bejagt werden dürfen, worin wir aber keinen Sinn oder Nutzen sehen. Vor allem Vögel wie der Eichelhäher. Sie helfen, im Wald neue Bäume zu pflanzen. Und niemand kann ernsthaft behaupten, zu Hause dringend einen ausgestopften Eichelhäher zu benötigen. Wir stehen zur Jagd, möchten aber, dass deutlich weniger Tierarten als heute bejagt werden dürfen.

Artenschutz ist das eine, Tierschutz das andere. Es gibt Jagdmethoden, die zu unnötigen Qualen führen. Etwa durch Fallen. Oder wenn man Hunde auf Enten loslässt.

Das stimmt, da muss sich was ändern. Der NABU lehnt deswegen die Fallenjagd ab, genau wie die Ausbildung von Jagdhunden an lebenden Tieren – oder die Baujagd, bei der man Hunde in Baue von Füchsen oder Dachsen schickt. Füchse sollten ohnehin in der Regel nicht und Dachse überhaupt nicht bejagt werden dürfen. Sie haben ihre Rolle in der Natur und helfen als Mäusefresser der Landwirtschaft.

Schon gewusst?
Die Regierung Südafrikas erlaubt den bezahlten Abschuss von zehn der stark gefährdeten Spitzmaulnashörner pro Jahr. Unerlaubt werden allerdings viel mehr getötet!

Wer kriegt das letzte Nashorn?

In unseren heimischen Wäldern kann die Jagd auf Wildschwein und Reh notwendig sein. Anders sieht es mit der sogenannten Trophäenjagd aus: Nicht nur, aber vor allem in Afrika kann man gegen die Zahlung von Beträgen, für die man bei uns ein Auto kaufen könnte, Löwen oder Leoparden, Elefanten oder Nashörner schießen. Befürworter sagen, mit dem Geld würden Natur- und Artenschutzprojekte gefördert, die sonst nicht möglich wären. Ein erlegter Elefant sichere sozusagen das Wohlergehen vieler anderer Elefanten. Doch leider klingt das meist besser, als es ist. Zu viele Tiere werden geschossen, Jagdregeln werden nicht befolgt und das Geld kommt nicht bei den Menschen vor Ort und dem Naturschutz an. Nachforschungen ergaben, dass ein Großteil der Einnahmen bei den Veranstaltern der Jagden bleibt – und das sind meist Firmen, die in den Ländern sitzen, aus denen die Jäger kommen. Deutschland liegt hier weltweit auf Platz zwei. Nur aus den USA reisen noch mehr Jägerinnen und Jäger in die Steppen und Savannen. Das macht deutlich, wie schwierig das Thema ist. Wie Artenschutz ohne Trophäenjagd umsetzbar ist, können wir natürlich nicht für andere Länder entscheiden. Doch wir können mit den Menschen vor Ort darüber sprechen, wie für sie das Leben mit den Wildtieren möglich wird. Und sie dabei unterstützen.

Leiden für unsere Gesundheit?

Die meisten Trophäenjäger sind scharf auf Felle und Geweihe, mit denen sie später angeben können. Immerhin: Sie haben die Erlaubnis dazu. Es gibt aber auch Fälle in denen vollkommen unerlaubt zum Beispiel Nashörner getötet werden. In der traditionellen Medizin Ostasiens gilt das zu Pulver gemahlene Horn als Heilmittel – obwohl die Wirkung nicht wissenschaftlich nachweisbar ist.

Auch bei uns müssen Tiere für unsere Gesundheit leiden, in sogenannten Tierversuchen. Tatsächlich ist es vorgeschrieben, dass viele neue Wirkstoffe immer erst an Tieren getestet werden, ehe man sie Menschen verabreicht. Als Tierversuche etwa ab den 1950er Jahren im großen Stil durchgeführt wurden, hielten viele Forschende sie für die beste und sicherste Methode, um herauszufinden, ob ein Medikament wirksam und sicher ist. Und tatsächlich: Manche Entwicklung eines neuen Produkts wird beendet, wenn es im Tierversuch erfolglos bleibt.

Inzwischen ist bekannt, dass sich viele Forschungsergebnisse nicht einfach vom Tier auf den Menschen übertragen lassen. Der Unterschied zwischen uns und einer Ratte, selbst einem Affen, ist einfach zu groß. Ergebnis: Mehr als neun von zehn erfolgreich an Tieren getestete Wirkstoffe werden am Ende nicht zugelassen – weil bei den Tests mit Menschen doch noch unerwartete Schwierigkeiten aufgetreten sind.

Die Auflagen zur Durchführung von Tierversuchen sind mittlerweile sehr streng. An manchen Tieren darf gar nicht mehr getestet werden. Und in einigen Bereichen auch nicht: War es einst normal, dass Kosmetikhersteller ihre neue Hautcreme oder ein neues Shampoo erst mal an Tausenden Tieren testeten, sind solche Versuche heute komplett verboten. Und auch Produkte, die nicht bei uns hergestellt wurden, aber in unseren Regalen landen, müssen tierversuchsfrei sein.

Schon gewusst?
Jedes Jahr sterben in Deutschland bei Tierversuchen trotzdem noch immer fast zwei Millionen Tiere. Die allermeisten davon sind Mäuse und Ratten, die nur zu diesem Zweck gezüchtet werden.

Platz für alle?

Von Überfischung oder alten, aussterbenden Nutz-
tierrassen hast du schon gelesen. Leider gibt es
noch mehr Faktoren, die die Artenvielfalt auf unserer
Erde bedrohen. Auch Klimawandel und Umweltver-
schmutzung tragen ihren Teil dazu bei. Und die
Zerstörung von Lebensraum. Im Amazonas-Regenwald
oder im Dschungel Indonesiens werden Tag für Tag fuß-
ballfeldweise Bäume gerodet, um Platz zu machen. Mal
für Palmölplantagen, mal für Sojafelder, mal für Rinderweiden.
Doch Felder und Weiden sind kein Lebensraum für Waldtiere.
Affen oder Papageien können hier nicht leben. Selbst viele Insekten nicht. Das Gleiche findet vor unserer Haustür statt. Auch
bei uns entstehen durch die Landwirtschaft immer größere
Flächen, auf denen nur Weizen, nur Raps oder irgendwas
anderes wächst. Und diese Eintönigkeit führt
auch zu Eintönigkeit im Tierreich.

Die ständig wachsenden Städte fressen sich Stück für Stück in
die Natur. Und wo sie sich nicht mehr weiter ausbreiten können,
werden sie verdichtet: Parks und Gärten verschwinden, um hier
die nächste Wohnsiedlung zu errichten. Selbst kleine Veränderungen können große Wirkung haben: eine neue Straße mitten
durch den Wald? Scheint erst mal unproblematisch. Die Tiere
müssen beim Überqueren nur vorsichtig sein. Denkt man.

Doch was für Wildschwein und Reh ein paar Schritte sind, ist für Frosch, Käfer oder Wurm ein Ding der Unmöglichkeit. Das hat sich bis zur Stadtplanung herumgesprochen und seit einigen Jahren ändert sich etwas. Oft werden sogenannte Grünbrücken errichtet, Straßenübergänge, die den Tieren den sicheren Seitenwechsel erlauben sollen.

Auch bei vielen Landwirtinnen und Landwirten setzt ein Umdenken ein. Sie lassen bewusst Flächen verwildern, damit sich dort wieder mehr Arten ansiedeln. Denn sie haben gelernt: Weil es immer weniger Insekten gibt, die Pflanzen bestäuben können, werden immer weniger Pflanzen bestäubt. Und damit kommt das Problem ganz flott zu uns Menschen zurück, denn vier von fünf Nahrungspflanzen können nur auf diese Weise Früchte tragen. In manchen Weltgegenden werden die Apfelbäume schon in Handarbeit mit feinen Pinseln bestäubt, ansonsten blieben die Äste kahl.

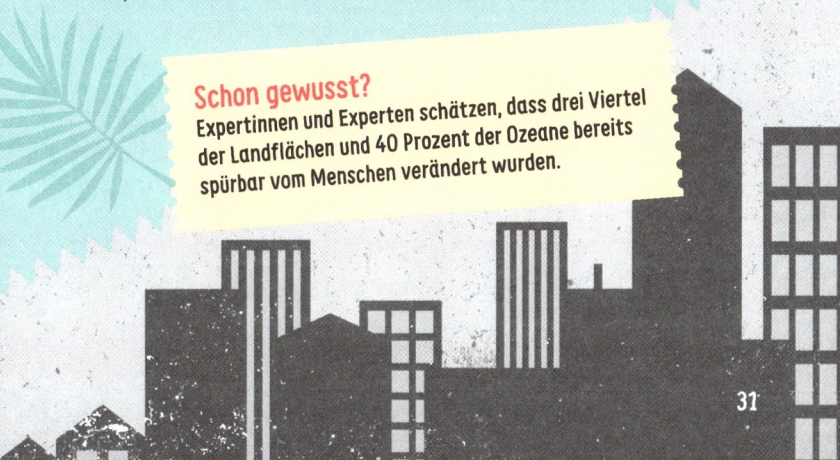

Schon gewusst?
Expertinnen und Experten schätzen, dass drei Viertel der Landflächen und 40 Prozent der Ozeane bereits spürbar vom Menschen verändert wurden.

Bäume ausreißen, Schmetterlinge retten

Für viele Expertinnen und Experten ist das weltweite Artensterben eine ebenso große Herausforderung wie der Klimawandel. Ein Grund dafür, dass Arten verschwinden, ist der ständig schrumpfende Lebensraum, den sie finden. Wusstest du, dass große Teile Deutschlands einst von Mooren bedeckt waren? Nur noch ein Zwanzigstel davon ist heute übrig. Marius Krebs engagiert sich in der Naturschutzorganisation BUND seit Jahren für die Renaturierung von Mooren.

Marius, Moore renaturieren, was heißt das eigentlich?
Um Torf abbauen zu können, etwa als Dünger oder Brennstoff, hat man lange Zeit Moore trockengelegt. Das versuchen wir wieder umzukehren. Dazu treiben wir Wände aus Holz in die Entwässerungsgräben und häufen auf diesem Damm Torf an, damit er mit Torfmoosen überwachsen wird. Außerdem entfernen wir alle Bäume und Sträucher, da sie im Moor von Natur aus gar nicht vorkommen und den Moosen das Licht zum Wachsen wegnehmen.

Warum machst du das?

Moore sind extrem wichtig. Einerseits sind sie riesige CO_2-Speicher und können einen wichtigen Beitrag dazu leisten, den Klimawandel aufzuhalten. Außerdem können sie wie Schwämme jede Menge Wasser aufnehmen. Bei extremen Regenfällen verhindert ein funktionierendes Moor schon mal, dass das nächste Dorf überflutet wird. Zum anderen sind Moore ein Zuhause für einige ganz besondere Tier- und Pflanzenarten. Sie haben sich derart an das Leben hier angepasst, dass sie anderswo gar nicht existieren könnten.

Hast du ein Beispiel?

Der Wiesenknopf-Ameisenbläuling ist ein typischer Moorbewohner. Der Schmetterling legt seine Eier in der Blüte des Wiesenknopfs ab. Die Raupe frisst erst an der Blüte und lässt sich nach einer Zeit auf den Boden fallen. Dort sammelt eine Feuerameise die Raupe ein und trägt sie in ihren Bau. In der Brutkammer der Ameisen angekommen, ernährt sich die Raupe von den Larven der Ameise, bis sie sich verpuppt und schließlich als Falter schlüpft. Die Fortpflanzung des Bläulings gelingt nur dann, wenn das alles zusammenpasst.

Dämme zu bauen und Sträucher rauszuziehen hilft dabei?

Auf jeden Fall! Jeder gebaute Damm ist ein Erfolg. Mein Kollege betreut seit 20 Jahren solche Aktionen, und bei den alten Dämmen liegt der Wasserpegel tatsächlich heute schon dauerhaft um rund 30 Zentimeter höher. Dort sehen wir mit eigenen Augen, dass sich vom Aussterben bedrohte Tierarten dank unserer Hilfe halten können.

Gibt es denn eine Tierart, die dich besonders fasziniert?

Jedes Tier ist einzigartig und spannend. Wenn ich von den hochspezialisierten Arten eine rauspicken müsste, würde ich wahrscheinlich den Wiesenknopf-Ameisenbläuling nehmen – oder eine der vielen Libellenarten. Libellen leben drei Jahre als Larve unter Wasser und machen Jagd auf andere Kleinstlebewesen. Dabei benutzen sie eine so genannte Fangmaske, die hervorschnellt und die Beute greift. Nach dem Schlüpfen sind Libellen akrobatische Flieger und können sogar in der Luft stehen. Wie Hubschrauber!

Kann denn jede und jeder einfach losgehen und anfangen, das nächstbeste Moor zu renaturieren?

Das klingt erst mal einfach, allerdings ist die konkrete Platzierung und Auswahl der Standorte kompliziert. Dazu braucht es Naturschutzfachwissen. Wer helfen möchte, kann beim nächsten Umweltverband nachfragen, ob er Renaturierungen anbietet. Einer der größten ist der Bund für Umwelt und Naturschutz Deutschland (BUND)

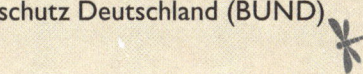

Schon gewusst?

Blumenerde enthält oft Torf. Schön für die Pflanzen, schlecht für die Moore, aus denen er stammt. Es gibt aber auch torffreie Alternativen. Achtet darauf, wenn ihr das nächste Mal Erde für die Balkonkästen besorgt!

Wie der Klimawandel die Artenvielfalt durcheinanderwirbelt

Die Erde wird durch den menschengemachten Klimawandel immer wärmer. Das hat Folgen – auch für die Tiere. Das wahrscheinlich bekannteste Beispiel: der Eisbär, dem die Scholle sprichwörtlich unter den Pranken wegschmilzt. Weil das Meer in der Arktis von Jahr zu Jahr weniger und für kürzere Zeit zufriert, fällt es Eisbären immer schwerer, auf Beutezug zu gehen. Ihre Hauptnahrung sind nämlich Robben – doch die werden seltener. Denn wo es weniger Eis gibt, wachsen weniger Algen. Davon werden wiederum weniger Fische satt, die schließlich weniger Robben ernähren. Am Ende der Nahrungskette steht der Eisbär, den das alles am härtesten trifft. Manche sagen, dass er in einigen Jahrzehnten so gut wie ausgestorben sein könnte Oder höchstens noch in Zoos überleben. Allerdings muss man nicht hinter den Polarkreis gucken, um die Folgen des Klimawandels für die Tierwelt zu sehen. Das geht vor der eigenen Haustür genauso gut. Denn auch bei uns werden die Sommer immer wärmer und länger. Manche Arten mögen das zwar. Viele Vögel, die früher im Herbst nach Süden zogen, bleiben inzwischen hier. Anderen wird es aber zu heiß. Wem es gelingt, der wandert weiter in den kühleren Norden. Manche Fische etwa tun das.

Viele Arten können das aber nicht. Sie haben sich auf besondere Lebensräume spezialisiert. Etwas das Moor, von dem ja eben schon die Rede war. Gerade Amphibien wie Frösche und Kröten, die eine feuchte Umgebung zum Leben brauchen, sitzen schnell in der Falle, wenn das Moor austrocknet oder der Bach in der Hitze versiegt. Wird es also künftig immer weniger verschiedene Arten bei uns geben? Na ja, so einfach ist das nicht. Einerseits werden viele einheimische Arten es auf Dauer nicht überleben, wenn das Klima noch heißer wird. Andererseits rücken aus dem Süden neue Arten nach, denen es bisher bei uns zu frisch war. Manche Schmetterlinge zählen dazu oder auch die Tigermücke. Die ist hier allerdings keineswegs willkommen, denn sie kann gefährliche Tropenkrankheiten übertragen.

Weil der Siebenschläfer inzwischen früher aus dem Winterschlaf erwacht, geht er auch früher auf Nahrungssuche – und findet Vogelnester voll leckerer Eier. Dieser Feind ist für die Vögel neu, denn bislang erwachte das Nagetier erst, wenn der Vogelnachwuchs flügge war.

Der Kuckuck hat eigentlich kein Problem mit der Wärme. Das entsteht aus einem anderen Grund: Weil nun viele Vögel früher brüten als bisher, er aber nicht, kommt er oft zu spät, um ihnen seine Eier unterzujubeln.

Oder: Plötzlich wollen manche Pflanzen eher blühen, die Insekten, die sie zum Bestäuben brauchen, sind da aber noch gar nicht unterwegs. Kurzum: Unsere Tier- und auch Pflanzenwelt wird sich verändern. Nur wie? Das kann bisher niemand sagen. Denn dazu sind die Zusammenhänge in der Natur viel zu komplex.

Und was können wir dagegen tun? Alles, was hilft, um den Klimawandel zu begrenzen: Energie sparen und wenig Auto fahren, zum Beispiel. Denn Klimaschutz ist auch Tier- und Artenschutz.

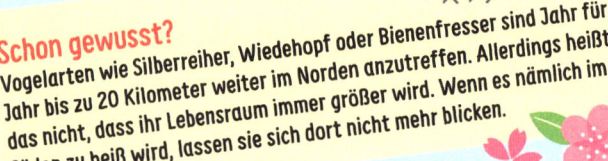

Schon gewusst?
Vogelarten wie Silberreiher, Wiedehopf oder Bienenfresser sind Jahr für Jahr bis zu 20 Kilometer weiter im Norden anzutreffen. Allerdings heißt das nicht, dass ihr Lebensraum immer größer wird. Wenn es nämlich im Süden zu heiß wird, lassen sie sich dort nicht mehr blicken.

Denn sie wissen (oft) nicht, was sie tun

Das Klima ist nicht die einzige Ursache dafür, dass Tierarten neue Gegenden besiedeln. Manchmal sind Menschen aktiv beteiligt: Neozoen sind Tierarten, die durch unsere Hilfe in einen neuen Lebensraum gelangen. Manchmal unabsichtlich, etwa wenn zwischen Früchten und Pflanzen Insekten und andere Tierchen mitreisen. Manchmal passiert es aber auch absichtlich. Weil der Kontinent Australien von Meer umgeben ist, entwickelten sich über Jahrmillionen Tierarten, die es nirgends sonst gibt. Koalas und Kängurus zum Beispiel. Die Kehrseite: Diese Tierwelt ist besonders anfällig, wenn neue Arten eingeschleppt werden. Wie vor etwa 160 Jahren das Kaninchen. Jemand setzte eine Handvoll aus – um sie später zum Vergnügen zu jagen. Heute soll es in Australien mehrere 100 Millionen Kaninchen geben. Sie machen vielen heimischen Arten den Lebensraum streitig und fressen ganze Landstriche kahl. Auch Aga-Kröten sind ein Riesenproblem. Sie sollten eigentlich auf den Zuckerrohrplantagen schädliche Käferlarven wegfressen. Doch weil sie keine natürlichen Feinde haben, breiten sie sich aus und verdrängen dabei heimische Arten. Bei uns sind Waschbär und Bisamratte noch nicht lange anzutreffen. Die Begründer der wilden Populationen waren Tiere, die aus Pelzfarmen getürmt sind oder absichtlich ausgewildert wurden. Und Nandus futtern im Nordosten Deutschlands so manche Ernte weg.

Zoo oder lieber nicht?

Zoos und Tierparks sind beliebte Ausflugsziele. Ihr wart bestimmt auch schon dort. Doch wie sehen Tier- und Artenschützende das eigentlich? Das hängt davon ab, mit wem man spricht. Hier antworten Arnulf Köhncke vom WWF und Yvonne Würz von PETA.

Herr Köhncke, ist es aus Sicht des WWF okay, Wildtiere in Gefangenschaft zu halten?

Man muss unbedingt unterscheiden! Nämlich zwischen anerkannten Zoos, die nach wissenschaftlichen Kriterien geführt werden und sich auch für Artenschutz, Forschung und Umweltbildung einsetzen, und Einrichtungen, die sich vielleicht Zoo nennen – in Wirklichkeit aber eher Zirkusse oder Freizeitparks sind. Dort werden Tiere oft falsch gehalten.

Der WWF arbeitet deshalb nur mit Zoos zusammen, die dem Verband der Zoologischen Gärten angeschlossen sind?

Ja! Deren international anerkannte Zuchtprogramme können beispielsweise einen wichtigen Beitrag zum Artenschutz leisten. Sie finanzieren Projekte in der Natur. Außerdem beteiligen sich viele Zoos an der Auswilderung bedrohter oder fast ausgestorbener Arten.

Den Wisent würde es ohne solche Programme heute nicht mehr in der Natur geben. Und natürlich können Zoos dazu beitragen, Menschen für den Erhalt von Natur und Artenvielfalt zu begeistern. Wer im Zoo Tiere kennen- und lieben gelernt hat, setzt sich vielleicht hinterher für deren Schutz in freier Wildbahn ein.

Welches ist Ihrer Meinung nach der vorbildlichste Zoo in Deutschland?

Für mich sticht der Zoo Leipzig hervor. Mich überzeugen Zoos, die lieber wenige Arten zeigen – diesen dafür aber viel Raum geben und beste Haltungsbedingungen anstreben. Dazu sollen möglichst viele Angebote in der Umweltbildung kommen, in denen vermittelt wird, wie es den Tieren in der Natur geht, warum sie bedroht sind, und was man dagegen unternehmen kann.

Frau Würz, warum steht PETA Zoos und Tierparks deutlich kritischer gegenüber?

Für uns kann ein Tag im Zoo ein netter Ausflug sein. Aber die Tiere haben keine Wahl, ob sie dort sein möchten oder nicht. Sie sind meist ihr ganzes Leben eingesperrt – auf zu engem Raum mit zu wenig Beschäftigung. Das macht viele Tiere auf Dauer krank. Und das ist leider keine Seltenheit, sondern eher die Regel!

Aber Zoos leisten doch auch einen Beitrag zum Artenschutz.

Die meisten Tiere in Zoos gehören überhaupt keiner gefährdeten Art an. Und für die anderen gilt: Es hilft nichts, sie in Gefangenschaft „aufzubewahren". Nur der Erhalt ihres Lebensraums rettet Tierarten langfristig vor dem Aussterben. Und ausgewildert werden sie äußerst selten. Das ist nämlich schwierig, weil im Zoo geborene Tiere wichtige Verhaltensweisen nicht kennen. Zum Beispiel, wie sie Nahrung finden oder vor Feinden fliehen.

Aber ist es nicht gut, wenn Menschen die Tiere im Zoo besser kennenlernen? Dann setzen sie sich vielleicht eher für sie ein?

Im Zoo lernt man vor allem, dass Tiere ihrer Freiheit beraubt werden. Auch von deren Lebensweise und Verhalten wird ein völlig falsches Bild vermittelt: Orang-Utans verbringen die meiste Zeit in den Baumkronen des Regenwaldes, im Zoo sind sie meist in winzige Gehege gesperrt, wo sie auf Betonboden herumhocken. Elefantenmütter würden ein Leben lang mit ihren Töchtern zusammenbleiben, aber Zoos trennen die Familien. Ob Filmdokumentationen, Bücher oder Ausflüge durch die heimische Natur – all das ist viel besser geeignet, um etwas über Tiere in der Natur zu lernen und echtes Mitgefühl zu entwickeln.

Würden Sie am liebsten alle Zoos und Tierparks schließen?

Ja, PETA setzt sich für ein Ende der Tierhaltung in Zoos ein. Ausnahme: Wenn Zoos zu Auffangstationen für Tiere aus schlechter Haltung würden. Dort könnten dann misshandelte Tiere, beispielsweise aus Zirkusunternehmen, versorgt werden.

Was soll der Zirkus?

Es ist ein bisschen verrückt: Für Zoos und Tierparks gelten in Sachen Tierhaltung strengere Auflagen als für die etwa 300 Zirkusse, die in Deutschland umherreisen. Viele davon sind mit Raubkatzen, Elefanten und anderen Wildtieren unterwegs – obwohl sie ihnen keine artgerechte Haltung bieten können. Und so kritisch man die Tierhaltung in Zoos sehen kann – immerhin lässt man die Tiere hier weitgehend in Ruhe. Anders im Zirkus: Dort müssen sie Kunststücke aufführen – ehe sie ein paar Tage später in Anhänger verfrachtet und an den nächsten Ort gefahren werden. Nichts davon ist artgerecht, manches grenzt an Tierquälerei. Daher fordern viele Menschen strengere Gesetze. Aber was kannst du tun, solange es diese nicht gibt? Ganz klar: am besten nur Zirkusse besuchen, die auf Tiernummern verzichten. Oder wo wenigstens keine Wildtiere auftreten! Manche Zirkusse denken übrigens schon von sich aus um und verzichten auf den Einsatz von Tieren.

Schon gewusst?
Die schätzungsweise 800 Zoos und Tierparks in Deutschland haben mehr als dreimal so viele Besucher, wie sich jedes Jahr Menschen die Spiele der Fußball-Bundesliga im Stadion ansehen.

Du und dein Tier

Häufiger als ein Löwe im Zoo begegnen uns natürlich Hund, Katze oder Kaninchen – nämlich als Haustiere. Schätzungsweise 34 Millionen leben allein unter deutschen Dächern, und es werden immer mehr. Ist ja kein Wunder: Wer träumt nicht von einem kuscheligen Freund, der immer da ist, wenn man ihn braucht? Das Problem dabei ist allerdings: So viele Tiere, wie nachgefragt werden, gibt es oft gar nicht. Dann müssen schnell mehr her – und das geschieht nicht immer auf eine tierfreundliche Art und Weise. In den Zuchtanlagen werden die Muttertiere oft unter schlimmen Bedingungen gehalten. In Käfigen auf engem Raum. Der Nachwuchs wird den Eltern viel zu früh weggenommen und auf teilweise lange und anstrengende Reisen an die Orte geschickt, wo er schließlich verkauft wird.

Allerdings gibt es für die Tiere noch ein anderes Problem. Viele Leute merken nach einer Weile, dass sie sich das Zusammenleben mit einem solchen Lebewesen ganz anders ausgemalt hatten. Der Hund will häufig ausgeführt werden, das Meerschweinchen braucht Spielgesellen, der Hamster verpennt die Tage, nachts macht er Radau.

Schon gewusst?
Es ist nicht grundsätzlich verboten, einen Alligator oder einen Schimpansen zu halten, wenn diese bereits in Gefangenschaft geboren wurden. Trotzdem: Solche Tiere gehören niemals in den Haushalt!

Ganz klar also: Bevor ihr euch ein Tier zulegt, macht euch erst mal schlau, was genau das bedeutet. Wie viel Zeit ihr täglich einplanen müsst, wie hoch die Kosten für Futter und Ausstattung sind. Und für wie lange ihr euch auf diesen neuen Mitbewohner einlasst. Mancher Hund wird 15 Jahre alt, Katzen sogar noch älter.

350.000 Tiere landen Jahr für Jahr in einem Tierheim und bleiben dort, bis sie hoffentlich einen neuen, liebevollen Besitzer oder eine Besitzerin zu finden. Wenn du selbst oder deine Familie also überlegt, ein Haustier anzuschaffen: Ein großer und wichtiger Beitrag zum Tierschutz ist es, erst mal in einem der vielen Tierheime nach dem passenden Mitbewohner zu suchen. Oder bei einer der Organisationen, die zum Beispiel Straßenhunden aus Griechenland oder Rumänien ein neues Zuhause vermittelt. Achtung: Auch hier gibt es schwarze Schafe. Wenn du einem solchen Hund helfen willst, bitte deine Eltern, vorher zu checken, welche Organisation wirklich vertrauenswürdig ist.

In manchen Fällen spielt übrigens nicht einmal das eine Rolle. Es gibt nämlich Tiere, die sollten überhaupt nicht als Haustiere gehalten werden weil sie – anders als Hund und Katze – in die Wildnis gehören und nur dort glücklich sein können.

Hier bleibt das Positive!

Puh, schon fast am Schluss dieses Buches – und bisher klang es alles in allem doch etwas trüb? Es ist eben so: Jeden Tag verschwinden Dutzende Tierarten auf Nimmerwiedersehen von der Erde. Und meist sind wir Menschen daran schuld. Ebenso wie an den Umständen, unter denen viele Tiere leben müssen – von der Legehenne bis zum einsamen Meerschweinchen.

Aber es gilt eben auch: Wir Menschen haben es in der Hand, Dinge zu ändern. Und das tun viele, mal im Kleinen, mal im Großen. Ein paar von ihnen hast du in diesem Buch kennengelernt, aber es sind natürlich viel, viel mehr. Und sie haben Erfolge vorzuweisen! Auf der ganzen Welt gibt es inzwischen Schutzgebiete, die seltenen Arten Rückzugsräume bieten. Durch Auswilderungsprogramme leben nach 300 Jahren erstmals wieder wilde Wisente in Deutschland, Przewalski-Pferde traben über die mongolische Steppe. Andere, die von Artenschützern ebenfalls beinahe aufgegeben worden waren, vermehren sich so, dass ihr Überleben selbst ohne menschliche Hilfe denkbar wird: Vom Mauritiusfalken gab es vor 50 Jahren gerade noch vier wilde Exemplare – inzwischen sind es 400. Das erfolgreichste Vogel-Wiederaufzuchtprojekt der Welt!

Die jahrhundertelange Jagd auf Wale hat viele Arten an den Rand des Aussterbens gebracht, durch das weltweite Walfangverbot haben sich die meisten davon wieder erholt. Die bis zu 15 Meter langen und reisebusschweren Buckelwale sind in den USA mittlerweile von der Liste der bedrohten Arten gestrichen worden: Es schwimmen wieder Zehntausende durch die Ozeane.

Und auch wenn du gelesen hast, dass in unseren Zoos oder in den Ställen der großen Landwirtschaftsbetriebe längst nicht alles gut ist – auch hier verändert sich etwas. Einerseits, weil neue Gesetze dafür sorgen: Auch wenn die Zahl der Tiere, die bei Tierversuchen sterben, noch immer zu hoch ist, sind es viel, viel weniger als früher. Menschenaffen und andere Arten sind inzwischen komplett davor geschützt. Andererseits, weil eben immer mehr Menschen sich darüber Gedanken machen und bestimmte Dinge nicht mehr hinnehmen wollen: Von einst 14 Delfinarien in deutschen Zoos sind nur noch zwei übrig. Immer weniger Zirkusse präsentieren Wildtiere. Immer mehr Menschen auf der Suche nach einem Haustier schauen zuerst in ein Tierheim.

Der Schlüssel zum Erfolg heißt Wissen. Wer um all diese Dinge weiß, der wird sich auch dafür stark machen, sie zu ändern. Vielleicht bist auch du jetzt dabei? Dann blättere um, da findest du ein paar handfeste Tipps.

Hier geht's weiter!

Wenn du nach dem Lesen dieses kleinen
Buches nicht nur hoffentlich eine Menge über
Tier- und Artenschutz gelernt hast, sondern ab jetzt selbst
etwas tun willst – hier kommen jede Menge nützliche Adressen!

Informieren und mitmachen

Kindgerechte Infos über Tiere und ihre Lebensräume, Tipps zum
Umweltschutz, Spiele, Hörspiele und gemeinsame Aktionen
gibt es beim WWF unter *www.wwf-junior.de*.

Einen der größten Kinder- und Jugendverbände Deutschlands
in Sachen Natur- und Umweltschutz, findet ihr unter
www.naju.de.

Mit dem BUND kann man nicht nur Moore schützen.
Was er noch alles tut? Steht unter *www.bundjugend.de*.

Zu den kompromisslosesten Tierschützern zählt die Organisation PETA. Unter *petakids.de* findet ihr zum Beispiel Infos zum
Thema Zoo. Ihr könnt auch kostenlose Infopakete bestellen!

Unter dem Dach internationalen Umweltorganisation Green-
peace gibt es jede Menge Kinder- und Jugendgruppen. Vielleicht
auch in eurer Nähe? Schaut nach unter *www.greenpeace.de*.